NATIONAL GEOGRAPHIC

Peldaños

Fuerzas de la naturaleza

Paul Bunyan y Babe, el buey azul 2
relato de Roger Bach
ilustraciones de Robb Mommaerts

El poder del agua 12
por Brian Phelps

Comenta 24

PAUL BUNYAN y BABE, EL BUEY AZUL

RELATO DE ROGER BACH

ILUSTRACIONES DE ROBB MOMMAERTS

BABE,
EL BUEY AZUL

PAUL
BUNYAN

LOS LEÑADORES ESTABAN MUY OCUPADOS EN
EL SIGLO XIX. EN ESA ÉPOCA, LOS ESTADOS
UNIDOS CRECÍAN MÁS RÁPIDO QUE EL MAÍZ
EN IOWA. SE NECESITABA UNA GRAN CANTIDAD
DE MADERA PARA CONSTRUIR FÁBRICAS,
PUENTES Y FERROCARRILES. LOS LEÑADORES
VIVÍAN EN CAMPOS DE TALA QUE SOLÍAN ESTAR
LEJOS DE LAS CIUDADES.

DURANTE LOS LARGOS INVIERNOS, SE
CONTABAN CUENTOS PARA ENTRETENERSE.
ALGUNOS CONTABAN CUENTOS DE UN LEÑADOR
GIGANTE LLAMADO PAUL BUNYAN. LOS CUENTOS
SE PUBLICABAN LUEGO Y SE AGREGABAN
CUENTOS NUEVOS.

ESA PRIMAVERA, BABE NO PARABA DE CRECER.

¡SUPONGO QUE LAS TARTAS DE MANZANA NO ESTÁN EN EL MENÚ!

LOS LEÑADORES ENCONTRARON NUEVAS MANERAS DE QUE BABE LOS AYUDARA CON SUS TAREAS.

¡ÑAM, ÑAMO, ÑAM!

AL HERRERO OLE LE TOMÓ MÁS DE UN AÑO FORJAR LOS "ZAPATOS DE BUEY" DE BABE. CADA ZAPATO PESABA MÁS QUE 12 HOMBRES.

ESPERO QUE ME DEN UN BOCADILLO ANTES DE QUE SE SEQUE ESTA ROPA.

CUANDO BABE LLEGÓ A LA ADULTEZ, PUDO TIRAR FÁCILMENTE DE 50 TRONCOS. AL PRINCIPIO, LOS LEÑADORES NO RECONOCÍAN EL SONIDO DE LOS PISOTONES DE BABE.

¿ESO ES UN TRUENO?

5

LOS PANQUEQUES DE RUEDA DE CARRETA DE PAUL REQUERÍAN UNA SARTÉN LO SUFICIENTEMENTE GRANDE COMO PARA **PRESUMIR**. LA SARTÉN ERA MÁS PESADA QUE UN VAGÓN DE TREN.

PARA ENGRASAR LA SARTÉN, LOS HOMBRES PATINABAN EN ELLA SOBRE BLOQUES DE MANTEQUILLA. LUEGO, ALGUIEN TIRABA UNA CUERDA PARA VERTIR LA MEZCLA DE PANQUEQUES EN LA SARTÉN.

¡TENGAN CUIDADO, MUCHACHOS! ¡NO SE COCINEN LOS PIES!

¡CUIDADO!

¡JO!

PAUL Y BABE FORMARON LOS 10,000 LAGOS...

EN EL VERANO, PAUL Y BABE DEAMBULABAN AL AIRE LIBRE Y JUGABAN. UNA VEZ PAUL INTENTÓ ENSEÑARLE A BABE CÓMO JUGAR A IR A BUSCAR EL PALITO.

¡INTENTA ATRAPAR MI LANZAMIENTO LARGO!

LUEGO BABE DECIDIÓ ENSEÑARLE A PAUL CÓMO LUCHAR.

PAUL Y BABE LUCHARON POR TODA MINNESSOTA. NADIE SUPO NUNCA QUIÉN GANÓ.

¡YA TE TENGO!

¡LO DUDO!

MÁS TARDE, UNA PODEROSA TORMENTA INUNDÓ LOS **ACCIDENTES GEOGRÁFICOS** QUE HABÍAN CREADO. ASÍ ES COMO SE FORMARON LOS 10,000 LAGOS DE MINNESSOTA.

PAUL FORMA LOS GRANDES LAGOS

DURANTE EL VERANO SIN LLUVIAS, SE SECARON LOS 10,000 LAGOS. PAUL Y BABE CRUZARON EL **LÍMITE** CON WISCONSIN PARA BUSCAR AGUA.

LA ÚNICA MANERA DE ENCONTRAR AGUA ERA CAVAR.

DISCULPA QUE PRESUMA, PERO PUEDO CAVAR MÁS QUE UN EJÉRCITO DE ARDILLAS.

PAUL Y BABE CAVARON INMENSOS AGUJEROS QUE BORDEABAN OCHO ESTADOS Y CANADÁ. PERO NO ENCONTRARON NI UNA GOTA DE AGUA.

PAUL LO INTENTÓ UNA ÚLTIMA VEZ, Y REVOLEÓ SU HACHA CON TANTA **FUERZA** QUE EL SUELO TEMBLÓ. EL AGUA SE DISPARÓ HACIA ARRIBA COMO UN GÉISER.

EL AGUA LLENÓ LOS CINCO ENORMES AGUJEROS, Y ASÍ SE FORMARON LOS GRANDES LAGOS.

8

El poder del agua

por Brian Phelps

El agua puede ser una de las **fuerzas** más poderosas de la naturaleza. Los ríos, los océanos y las capas de hielo construyen y destruyen los **accidentes geográficos.** El agua le da forma a la superficie de la Tierra. Puede desgastar montañas y labrar valles. Puede mover peñascos que son más grandes que una casa. Estos cambios pueden suceder rápido o tomar miles de años.

El glaciar Spencer, en las montañas Kenai de Alaska

El pasado helado de la Tierra

La tierra tenía un aspecto bastante diferente hace 20,000 años. Casi un tercio de la superficie de la Tierra estaba cubierta por **glaciares.** Los glaciares son capas de hielo gigantes que se desplazan lentamente. Se forman donde se acumula la nieve año tras año. Lentamente, el peso de las capas superiores de nieve presiona las capas inferiores y las convierte en hielo. Este hielo pesado empuja hacia afuera y fluye cuesta abajo. Algunos glaciares pueden moverse varios metros por día.

Los glaciares se expandieron y se encogieron varias veces durante la última era de hielo. ¡En algunos lugares, el hielo tenía un espesor de más de 3 kilómetros (casi 2 millas)! Los glaciares de la actualidad cubren la Antártica, la mayor parte de Groenlandia y muchas montañas altas.

Los Grandes Lagos

Con el tiempo, los enormes glaciares produjeron cambios importantes en Norteamérica. A medida que los glaciares se desplazaban, su tamaño y peso erosionaban la tierra que tenían debajo. La erosión es el movimiento de roca y suelo de un lugar a otro. Los glaciares causaban **erosión** arrastrando grandes cantidades de sedimentos, o material suelto. Este material suelto incluye tierra, arena, grava y rocas.

Cuando los glaciares comenzaron a derretirse, dejaron caer el sedimento. La **sedimentación** es la deposición de sedimento en un nuevo lugar. Los glaciares de la era de hielo depositaron suficiente sedimento para formar colinas y otros accidentes geográficos. El hielo que se derritió también liberó agua dulce. El agua llenó lugares bajos y formó los Grandes Lagos. Juntos, los Grandes Lagos componen el área más grande de agua dulce de la Tierra.

¿CÓMO SE FORMÓ EL LAGO MICHIGAN?

HACE 1 MILLÓN DE AÑOS

El área que ahora cubre el lago Michigan eran tierras bajas. Había valles y ríos.

HACE 20,000 AÑOS

La erosión de glaciares anteriores había sacado la tierra y formado una cuenca. Una cuenca es un área muy amplia que es más profunda que la tierra que la rodea.

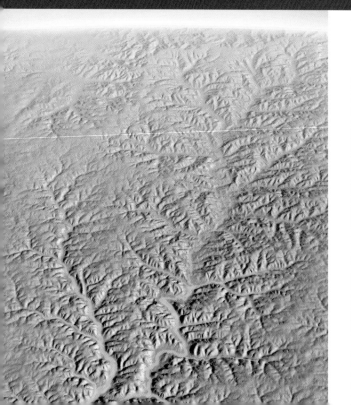

El mapa muestra la cuenca de los Grandes Lagos en verde. Esta incluye toda el agua y la tierra que rodea los lagos. Los lagos proporcionan agua potable a millones de personas.

HACE 14,000 AÑOS

Los últimos glaciares se derritieron lentamente. El lago Michigan comenzó a formarse. La sedimentación a lo largo del borde de la capa de hielo ayudó a que el agua quedara atrapada en la cuenca.

DE 3,000 AÑOS HASTA EL PRESENTE

El lago Michigan comenzó a adquirir su forma y tamaño actual. Es el segundo Gran Lago más grande. El agua de cuatro estados desemboca allí.

Glaciares poderosos, muchos lagos

Minnesota, Michigan y Wisconsin tienen miles de lagos. Muchos son el resultado de glaciares. A medida que las capas de hielo se desplazaban lentamente, arañaban la tierra como topadoras gigantes. El hielo apilaba tierra y roca en grandes cimas de sedimento. Labró agujeros profundos y dejó colinas de roca. Las áreas bajas se llenaron con agua del hielo que se derretía y se formaron los lagos.

Minnesota tiene más de 12,000 lagos.

Los glaciares han aparecido y desaparecido varias veces en Minnesota. El hielo glacial derretido formó los lagos de Minnesota hace aproximadamente 8,000 años. Minnesota tiene más de 53,000 kilómetros cuadrados (20,500 millas cuadradas) de agua superficial en sus lagos, ríos y humedales. ¡No por nada se conoce a Minnesota como "Tierra de los 10,000 lagos"!

Los ríos en acción

Al igual que los glaciares, el agua que fluye de los ríos es una fuerza poderosa de la naturaleza. Los ríos dan forma a la tierra a través de la erosión y la sedimentación. A medida que los ríos fluyen, labran valles, tallan **cañones** y arrastran enormes cantidades de sedimento. Donde un río desemboca en un lago o un océano, puede formar tierras nuevas llamadas deltas. No es posible observar los glaciares de la era de hielo, pero podemos observar los ríos en acción.

El delta de un río en el lago Chiemsee, Alemania

La mayoría de los ríos comienzan siendo pequeños. Se hacen más grandes cuando recolectan agua de lluvia y nieve que se derrite. Los ríos también crecen cuando arroyos y ríos más pequeños desembocan en ellos. No importa qué tan grandes o pequeños sean, todos los ríos fluyen cuesta abajo. La inclinación de la pendiente regula qué tan rápido fluye un río. Cuanto más rápido fluye, más tierra puede erosionar. Los ríos recogen grandes cantidades de sedimento cuando tallan el suelo y la roca. Los ríos llevan los sedimentos a otras áreas y finalmente forman nuevas tierras, como los deltas.

Un accidente geográfico majestuoso

El río Colorado serpentea a través del Gran Cañón. El río le dio forma al Gran Cañón mediante la erosión y otros procesos. Labró el cañón y formó acantilados empinados y pendientes suaves.

El río Colorado comenzó a tallar la superficie de la Tierra hace aproximadamente cinco a seis millones de años. El río talló hacia abajo. Arrastró rocas y peñascos y desgastó las paredes de roca. En la actualidad, hay partes del Gran Cañón que miden más de una milla de profundidad.

DE 1,840 A 270 MILLONES DE AÑOS ATRÁS

El agua y el viento depositaron nuevas capas de sedimento. Las capas de sedimento gradualmente se convirtieron en capas de roca.

El río Colorado fluye a lo largo del fondo del Gran Cañón.

¿CÓMO SE FORMÓ EL GRAN CAÑÓN?

DE 70 A 40 MILLONES DE AÑOS ATRÁS

Las fuerzas bajo la superficie de la Tierra empujaron hacia arriba un área de tierra más grande que Nuevo México. Se elevó miles de metros.

DE 5 A 6 MILLONES DE AÑOS ATRÁS

El río Colorado comenzó a fluir. La gran altura permitió al río fluir muy rápido. El río talló la roca en más profundidad.

Presente

El Colorado siguió erosionando la roca. Partes de las paredes del cañón cayeron hacia adentro. También se erosionaron. En la actualidad el cañón es muy profundo y ancho.

El poderoso Mississippi

El río Mississippi es uno de los más grandes y largos de Norteamérica. Fluye desde el lago Itasca, en Minnesota, hasta el Golfo de México. El río es suficientemente poco profundo para cruzarlo sin un bote en el lago Itasca. Cerca del Golfo, el río tiene una profundidad de aproximadamente 67 metros (200 pies). ¿Cómo se vuelve tan grande?

Muchos otros ríos y arroyos desembocan en él. Incluso más agua desemboca en el Mississippi durante las épocas de lluvia torrencial. Si el río se llena mucho, fluye hacia la tierra que lo rodea, o llanura aluvial.

En 2011 el río Mississippi inundó la ciudad de Vicksburg, Mississippi. ¿Qué crees que puede haber causado la inundación?

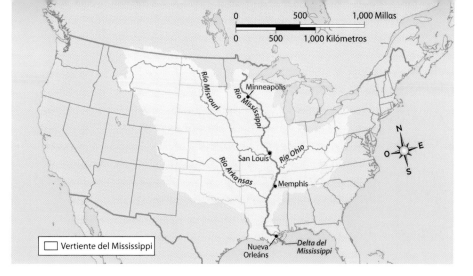

El Mississippi recolecta agua de casi la mitad de los Estados Unidos.

El Mississippi se ha desbordado muchas veces. Cada inundación desplaza mucho sedimento. Los lugares de la llanura aluvial que normalmente son secos pueden quedar bajo el agua. Algunos lugares han quedado bajo más de 14 metros (45 pies) de agua. Los diques, o lomos de tierra, protegen las ciudades cercanas. Si el Mississippi fluye sobre los diques, la inundación puede causar daños importantes.

El agua de la Tierra cambia el terreno mediante la erosión, la sedimentación y el desgaste de la roca. Las señales del poder del agua están en todos lados, desde los Grandes Lagos hasta el Gran Cañón y el río Mississippi.

Compruébalo ¿En qué se parecen y se diferencian la erosión y la sedimentación?

Comenta Personajes y conceptos

1. ¿Qué crees que conecta las dos lecturas que leíste en este libro? ¿Qué te hace pensar eso?

2. En "Paul Bunyan y Babe, el buey azul", explica qué sucesos formaron los Grandes Lagos.

3. ¿Cuál crees que es la idea más importante en "El poder del agua"? ¿Qué te hace pensar eso? Cita algunos detalles de apoyo.

4. Aproximadamente, ¿cuánto hace que el río Colorado comenzó a labrar el Gran Cañón? Cita evidencia del texto para apoyar tu respuesta.

5. ¿Qué te sigues preguntando sobre el agua o los accidentes geográficos de la Tierra? ¿Cuáles serían buenas maneras de hallar más información?